Chronique d'un Départ

Chronique d'un Départ

Joël Schuermans et Laurence Vanderhaeghen

ISBN : 978-2-9602004-0-9

Dépôt légal : novembre 2017

D/2017/14.096/1

Éditions Partis pour
2, rue de la Sécurité

B-1081 Bruxelles

partispour@gmail.com

Ce livre est également disponible en version numérique

Joël & Laurence Schuermans

Chronique d'un Départ

Éditions Partis pour

Tarfaya

Il s’agissait d’errance
Prendre la route
Vivre au gré de la distance que l’on prend
Enivré par la romance de ce qu’on surprend être la liberté
S’éloigner pour s’opposer à la vérité imposée
Avancer pour s’alléger
Vers le Sud
Il fallait une limite, toujours il y en a
Voyager sur la carte la révéla :
Tarfaya.

On conseille d’éviter ce lieu. On conseille de passer son chemin
On le dit un coin perdu, un bout de terre désolée qui n’a rien à offrir, qu’une impression hostile
On parle d’un étrange endroit, d’une mer vide, d’une côte parsemée d’épaves, de casernes et d’un fortin décrépis, rongés par les sels marins
Cette idée d’un monde d’où se dégage une attente sans objet nous séduit
Fuir les contrées de la vanité dissimulée pour découvrir celles de la vanité révélée

Le sable du désert poussé par les vents incessants envahit inexorablement,
Là plus qu'ailleurs encore semble-t-il,
Quelques reliques d'existence
Une réplique symbolique d'un biplan rappelle qu'autrefois le mouvement régissait les lieux
Le cap Juby, bout de sable, escale de l'Aéropostale, qui accueillit Saint-Exupéry
Lui et son *Terre des Hommes* sont peut-être les derniers à se souvenir de cet endroit devenu notre cap
Rien mais, pourtant là, il y a

Il y a l'Air incarné en ce vent constant
Il y a l'Eau dans les vagues de cet Océan si puissant qu'il semble vouloir éclabousser la lune
Il y a le Feu en ce soleil qui peut tout faire. Même d'un paradis, un enfer
Il y a la Terre nue qui lutte contre les trois autres pour garder son nom

Destin pour quelques matins de ceux qui choisissent de n'être rien
Nous la nommons *Nulle Part.*

Tarfaya

Tarfaya

Chronique d'un départ

Sur la route depuis 93 jours

Afrique/Sahara Occidental/Laayoune/28°C

Qui n'a jamais rêvé de tout quitter pour partir ? Pas la stéréotypée pause sabbatique à la mode, mais plutôt un geste radical. Un départ si fort qu'aucune idée de retour ne puisse le démentir. Partir à la découverte des possibles, partir à l'aventure, partir à la rencontre de soi, de l'autre, des mondes. Il ne s'agirait pas de fuir, mais d'avancer, de se mettre en mouvement, de s'explorer en arpentant l'ailleurs. Tout laisser, le quotidien, les repères, la routine, les certitudes, les obligations. Qui n'en a donc jamais rêvé ?

Pourquoi certains passent-ils à l'acte alors que d'autres retournent à la réalité au détriment du rêve, abandonnent leurs idéaux sous le prétexte valable des obligations qu'on s'impose ? Dans un parcours existentiel celui qui ne se laisse pas endormir, enseveli sous notre héritage socioculturel et ses attentes, qui ne fourvoie pas ses idéaux au nom du système dominant, n'a de cesse de chercher la paix de l'esprit.

Comment parvenir à l'équilibre et ce subtil mélange de toutes les composantes nécessaires à la plénitude ? Car, aussi vrai qu'il n'y a pas deux êtres identiques, il n'y a pas de recette universelle pour concocter le savant dosage des différents ingrédients d'une existence heureuse. Il faut chercher, expérimenter, puis rectifier, mais, surtout, il faut veiller à ne pas se laisser engloutir par ce gigantesque astre flamboyant qu'est la société, celle de consommation, celle des obligations et de la résignation parfois également. Il importe de garder à l'esprit le sentiment que chercher le bonheur, c'est le bonheur. Privilégier le chemin à la destination. S'arrêter sans avoir trouvé cette paix intérieure, c'est renoncer, c'est se réserver un avenir obscur où rien ne pourra nous satisfaire de manière ultime et définitive, un futur fait de souffrances mentales et de douleurs somatiques.

Après deux jours fabuleux chez Lahcen, chasseur de serpents solitaire, dans sa cabane isolée dans le désert et un passage sous une chaleur à assommer un buffle par le plus grand souk de dromadaires du pays à Guelmin, nous avons repris la route vers le Sud. La traversée de ce bout de terre aride et immense fut épique. De contrôles policiers en barrages militaires, d'étapes en étapes dans des endroits souvent désolés, nous parvenons enfin à Laâyoune, capitale du Sahara Occidental. Nous entrons dans ce lieu du bout de nulle part avec le préjugé de tomber dans une bourgade à l'image des précédentes : poussiéreuse et décrépie. Surtout que les combats ayant opposé les Sahraouis à l'armée marocaine en novembre dernier ont dû laisser des traces.

Seulement dans nos esprits, car en réalité nous avons découvert une ville belle et lumineuse et, même si la plupart des beaux bâtiments sont des casernes et que la majorité des habitants sont des soldats, il fait bon y flâner. On remarque les efforts particuliers du gouvernement marocain pour illuminer les pellicules des médias étrangers en ce lieu politiquement symbolique. Les femmes semblent ici plus présentes et épanouies que dans les autres villes du grand Sud marocain. Pour la nuit, installation obligatoire à Foum El Oued. Situé à une vingtaine de kilomètres sur le front de mer, c'est un village côtier où, encadrés par l'armée, nous sommes autorisés à bivouaquer. Le soleil, épuisé par ses efforts pour tout brûler, se couche enfin en cédant sa place à une pleine lune si lumineuse qu'elle éclaire notre soirée comme un plafonnier. Le vent se lève, les températures chutent et soudainement les vagues sombres de l'Atlantique déferlent avec fracas. Demain, nous quitterons la route principale pour partir vers l'Est et nous enfoncer dans le Sahara. Assis sur le toit du fourgon, je respire à pleins poumons le souffle frais de la liberté et songe à ce départ qui s'est imposé à nous. Il ne fut en rien un aboutissement ou le rêve d'une vie enfin exaucé grâce à des économies accumulées à cette fin. Non, il est une étape supplémentaire. Une évolution dans la quête. Un chemin non balisé qui apporte des réponses, mais pose aussi de nouvelles questions. Ayant, pour la plupart d'entre-nous, sacrifié notre lien à la terre au nom de l'industrialisation et du confort qu'elle promet, nous voici une génération déracinée de l'essentiel au nom de l'accessoire, du réel au nom du virtuel. L'artificiel a supplanté le naturel en nous éloignant toujours plus de qui nous sommes. Perdus ? Et si se mettre en route permettait de s'orienter à nouveau ? Comme une évidence, nous avons décidé de partir vivre sur les routes, sans date de retour et en y croyant si fort que rien n'aurait pu parasiter notre conviction que là était notre voie. De la réflexion à l'action, nous sommes partis.

244 jours plus tôt...

Départ dans 151 jours

Saint-Malo, les Étonnants Voyageurs...

Installés sur ses solides remparts, nous admirons Saint-Malo. Impressionnés par la force de sa prestance, nous souhaiterions le même aplomb pour nos existences. Tous les sens en éveil : un macaron aux framboises et un cidre doux pour le goût, le vol des mouettes, le vent, les vagues pour le reste. Nous essuyons une tornade qui peu à peu balaie nos certitudes passées. Nous nous éprenons de *liberté libre* – si chère à Rimbaud – et faisons le choix d'exister dans la seule liberté ou tout du moins d'essayer de toutes nos forces. Écouter les voyageurs confronter leurs propos à nos propres envies d'errance nous entraîne dans des réflexions fouillées et de passionnantes discussions. Il y a tant de vies dans tous ces possibles. Nous traînons quelques journées en Bretagne, des forces presque obscures nous y retiennent. Cette terre particulière et mère patrie de tant de voyageurs, marins, explorateurs nous suggère de partir sur les voies du lointain, que nous prenions le large comme le firent autrefois de nombreux Bretons célèbres (Cartier, Segalen, de Kerguelen, Rochon...).

Départ dans 81 jours

La grande maladie de l'horreur du domicile…

C'est l'histoire d'une rencontre, une de celles qui changent nos destinées. Une histoire d'amour qui devient une aventure. Amoureuse des livres et du monde, elle cohabite avec une obsession : le mouvement. Passionnée, entière, en quête d'absolu, elle cherche des réponses. Elle est une des incarnations de la théorie de la bicyclette : si on ne roule pas, on tombe. À ses côtés, il y a moi et les deux obsessions qui régentent mes choix : l'aventure et la liberté. Observateur de ma propre existence, des autres, du Monde, le voyage et l'écriture qui en résultent sont mes justifications d'exister. Très vite, après notre première rencontre, apparaissent deux évidences : d'abord, nous voulons vivre ensemble et tout partager ; ensuite, l'un et l'autre entendons *l'appel de la route*, cette force invisible et intérieure qui, sans que l'on puisse y donner une explication, fait toujours se sentir sur le départ et qu'où que l'on soit, on sente que ce n'est jamais la destination finale. Au fond de nous, le gène ancestral du chasseur-cueilleur n'a jamais cessé d'exister. Hérité des premiers hommes s'étant dressés sur leurs jambes quelque part dans une plaine d'Éthiopie, nous le sentons. Nous ne pouvons lutter contre ça. Nos existences s'inscrivent dans le mouvement. Notre survie mentale passe par la quête de plus de liberté. Le mouvement est action, comme le battement du cœur est vie, comme le rythme de nos pas sur les chemins du globe, bouger est l'apanage des vivants.

Elle achève un long séjour face au Mont-Blanc, une sorte de recueillement face au minéral sacré. Elle a à présent besoin d'un horizon dégagé pour s'exprimer. Des images, des réflexions, des désirs lui secouent l'esprit. Elle veut autant créer que bouger, s'animer au-delà des sommets enneigés, quitter son hiver.

Je termine l'écriture d'un second roman, travail éprouvant dont je sors presque exsangue. Je songe à la suite, à un nouveau chapitre, à quitter la sphère imaginaire de l'écrit pour le repère physique des bornes, à laisser la proximité des pages pour le balisage vers le lointain. Happé par cette attraction, je magnétise vers ce cap : terminer d'écrire puis partir.

Un soir, un dîner aux chandelles. Nous citons Chatwin. Je parle d'*Anatomie de l'errance*. L'écrivain voyageur y cite Baudelaire et son propos de *La grande maladie de l'horreur du domicile*. On se l'avoue alors, la sédentarité, le carriérisme, la consommation compulsive et compensatrice, la restriction constante de nos libertés, mais également le quotidien nous étouffent. Nous rêvons de quelque chose de différent, d'une profondeur de champ élargie, de vibrations sensorielles, de latitudes étendues. Se détacher du superficiel pour ne plus garder que l'essentiel. Finir ici puis partir là. Partir, oui, mais où ? Dans le monde, partout. Se lancer à la Terre comme une bouteille à la mer.

Départ dans 77 jours

S'alléger

Aujourd'hui, je suis interpellé par la diversité des humeurs d'accueil de notre décision. Certains considèrent l'idée fabuleuse et audacieuse tandis que d'autres la jugent poliment *sympathique*. Certains même la critiquent ouvertement évoquant toutes sortes d'arguments pour la qualifier d'option immature. Je devine au travers de leurs remarques un certain attrait pour ce choix qu'ils ne peuvent pas faire pour des raisons qui leur sont propres. D'autres encore ne comprennent pas ce qui nous anime, ce qui nous motive à interrompre nos existences douillettes pour un flou instable. Peut-être que certains d'entre eux ne peuvent admettre que l'on puisse *tout perdre* pour concrétiser un rêve, qu'il s'agit là de courir après une chimère de bonheur. Peut-être… Peut-être perdrons-nous effectivement en confort mais, nous y gagnerons notre affranchissement, car nos quotidiens confortables ont un prix conséquent et nos possessions nous possèdent.

Les fonctionnements conditionnés forcent à renoncer à ses idéaux. Nous sommes déjà suffisament loin dans le processus de réflexion pour que leurs avis ne nous amènent pas à une remise en question du projet.

Nous avons accepté l'évidence. Nous sommes à l'opposé de la sédentarisation ambiante et presque imposée. Il n'y a là aucune échelle de valeurs, aucun jugement. Juste une différence. La diversité est une richesse.

Départ dans 76 jours

Éternels absents

Un proverbe populaire russe dit : *« L'herbe n'est pas plus verte ailleurs ! »* Peut-être, mais allons tout de même vérifier. Nous avons hâte de bouger, de nous animer. De lectures en discussions, de songeries en projections, nous ne cessons d'imaginer, de nous réjouir. Je nous considère comme heureux. Par moments, une sorte de fébrilité s'empare de nous et maquille nos instants en une irréalité confuse. Nous sommes ici, mais déjà plus là. Nos corps s'acquittent des tâches restantes pendant que nos esprits vadrouillent déjà sur des routes lointaines.

Nous vibrons à l'unisson sur ce projet. C'est bon d'éprouver cette énergie commune qui sert nos aspirations. C'est enthousiasmant de sentir l'autre mû par le même besoin intrinsèque de changement, par la même puissante attirance pour le mouvement, par le même besoin : devenir d'*Eternels Absents*.

Je trouve l'immobilisme ennuyeux et un peu effrayant. Sans doute ressemble-t-il un peu trop à la mort ? J'ai l'impression qu'elle et moi souhaitons les mêmes chemins de traverse, les mêmes bivouacs de bord de mer, des étendues vertes semblables où nous balader. À la pensée de ces nouveaux horizons, l'excitation croît davantage chaque heure.

Parfois, nous désacralisons la perception romanesque de ce voyage au long cours en imaginant les infortunes probables, les moments de solitude, de doute voire les déceptions. Nous nous préparons à ça aussi, car toute aventure comporte son lot de difficultés et de problèmes à résoudre.

Habiter dans la maison devient inconfortable et pas uniquement à cause du désordre engendré par les nettoyages et vidages. Nous ne souhaitons plus être ici, enfermés entre ces quatre murs, et la météo pluvieuse n'aide pas à relativiser le sentiment pénible d'être devenus des étrangers dans notre propre domicile.

Départ dans 72 jours

Être plutôt qu'avoir

> *Ne possède rien que ta main ne puisse tenir, ami de bohème,*
> *Rien qui ne se déplace qu'avec toi,*
> *La bénédiction est sur le mouvement,*
> *La course diurne du soleil semble indiquer la route…*
>
> Pensée tsigane

Être plus en ayant moins. Chaque objet donné ou vendu m'allège, me fait sortir progressivement les jambes des sables mouvants où je m'enfonçais. Une sorte de renaissance fragmentée. Je me libère petit à petit du poids de ces tonnes de plastique, de ferraille, de bois, de papier, de tissus. Ces documents, meubles, objets de décoration, vélos, outils, DVD, CD, vêtements et autres dizaines de choses à profusion, pour la plupart inutiles, n'ont fait, toutes ces années, que m'alourdir, m'appauvrir, me préoccuper. Le corps et l'esprit immobilisés par mes possessions et la manière de vivre nécessaire pour les acquérir, les entretenir, les conserver. Je tente de refaire le cheminement complet. Qu'est-ce qui peut amener deux êtres, à ce moment précis de leur existence, à renoncer à des boulots au salaire généreux, à quitter une maison agréable, à abandonner la facilité d'une voiture individuelle, à se passer d'un confort conséquent, à se priver de la compagnie d'amis et de leur famille ? Pour faire quoi ? Pour prendre la route à bord d'une camionnette en n'emportant que ce qu'il restera de leurs possessions. Partir pour une durée indéterminée, mais qu'ils voudraient infinie. Partir si fort qu'il n'y pas d'idée de retour. Pourquoi partir ? Parce qu'ils ne peuvent pas faire autrement.

Nous voyageons sous l'effet d'un besoin commun infus : notre quête de mouvement ; et d'une réflexion acquise : notre société occidentale et son consumérisme n'ont pas de sens pour ceux qui privilégient l'humain sur le matériel. Voyager est aussi pour nous une réaction face au télescopage d'une valeur fondamentale que nous partageons, la liberté, avec une aversion de plus en plus prononcée envers les contraintes générées par le système qui veut nous régir toujours davantage. Il faut consommer, tout est basé là-dessus, donc travailler, donc se formater aux normes et aux règles, donc fonctionner selon le diktat. À quelles fins ? Force est de constater que notre modèle ne fonctionne pas ou peu efficacement. Sans entrer dans la tendance à l'autoflagellation à la mode dans certains milieux bien-pensants, soyons lucides un instant. En moins de deux cents ans, nous (les 900 millions d'Européens, Nord-Américains et récemment quelques autres privilégiés appelés cyniquement les « émergents ») avons exercé une telle pression sur notre unique planète, que nous empruntons par ailleurs aux générations futures, que celle-ci manifeste un peu partout des signes alarmants d'agonie et de rébellion. Quelques avantages sociaux, des hôpitaux, du chauffage central, une voiture, des technologies presque asservissantes, de beaux vêtements, des rues propres, une existence moins pénible physiquement, du réseau pour nos ordinateurs et téléphones, des fast-foods, etc. Est-ce que cela en valait le coup ? Nos enfants pourraient nous détester pour notre égoïsme, pour avoir su et n'avoir rien fait. Face à tout, notre choix : partir vers plus de liberté, d'aisance, de modération. Se libérer des contraintes. Errer. Prendre le temps de rencontrer l'autre, de se rencontrer. Changer la planète ? Vouloir le faire serait aussi vain que prétentieux, l'humanité va où elle doit aller. Seulement moins participer, ne plus jouer à un jeu qui ne nous passionne pas, se préparer à pouvoir regarder nos enfants droit dans les yeux quand plus tard ils questionneront, car ils le feront. Nous faisons le choix de plutôt penser à exister qu'à subir des choix que nous ne cautionnons pas. Nous refusons de compter les semaines qui passent vers une hypothétique pension qui nous permettrait peut-être, enfin, de vivre un peu nos rêves. Nous ne possédons qu'aujourd'hui. Hier est passé et demain est incertain. Pouvoir s'émerveiller à nouveau, savourer des moments simples, redéfinir le temps qui s'écoule, éprouver les saisons, être près des éléments et s'éloigner de l'effet réducteur que le système a sur nos âmes et sur nos corps. Être à l'écoute de ce qu'il se passe quand on n'est plus dans cette dynamique du quotidien, dans la logique du domicile. Qui serons-nous ? Que verrons-nous ? Comment ressentirons-nous ? Que penserons-nous ? Qu'apprendrons-nous ?

Départ dans 68 jours

Le romantisme des cartes

Nous laissons vagabonder nos esprits sur les méandres imprimés des cartes routières. Très vite, dès les premières discussions, ça a été une évidence pour l'un et l'autre que nous n'utiliserions pas de GPS. Est-ce par amour du livre et le plaisir du toucher qu'offre le papier, par romantisme voyageur ou mélancolie des temps anciens et aventureux méconnus de nous ? Serait-ce en hommage aux grands aventuriers de jadis ou bien pour d'autres raisons tapies dans les tréfonds de notre imaginaire ? Nous n'en savons rien mais, l'attrait que ces morceaux de monde dessinés a sur notre imagination est puissant. Les cartes sont une des premières choses que nous avons acquises au moment des préparatifs. Nous aimons envoyer notre doigt arpenter de longues routes traversant des contrées aux noms mythiques. Observer notre index se poser au hasard au milieu du désert de Gobi, du détroit de Gibraltar ou de Bering, sur une île des Açores, dans le Kerala ou l'Atlas marocain est euphorisant. Envoyer ce même doigt à la découverte de Saint-Pétersbourg, Tombouctou, Syracuse, Bénarès, Caracas, Carthage, Le Caire, Ushuaïa ou Samarcande ne peut que nous renvoyer dans le souvenir de lointaines lectures, sources d'autant de songes d'aventures. Les cartes nous apprennent tellement. Elles remettent à l'échelle nos croyances, redéfinissent les distances. Elles nous rappellent que la planète est grande même si la mondialisation culturelle, médiatique et les nouvelles technologies nous faussent cette réalité. Elles font réfléchir au fait que voyager au long cours n'a peut-être finalement jamais été aussi difficile qu'aujourd'hui. Il suffit de s'imaginer rallier Bruxelles à Naukan (extrême est de la Russie, distante d'environ 7.000 km) en véhicule personnel pour ensuite traverser le détroit de Bering et rejoindre Wales en Alaska pour se rendre compte de la difficulté technique et administrative d'un tel projet. L'aventure et l'expédition sont encore possibles au 21e siècle. Une carte montre également le nombre de zones troublées par les conflits actuels (guerres, révolutions), passés (présence de mines) ou sournois (terrorisme kidnappant les humanitaires ou les étrangers). On peut encore y visualiser des noms glanés quotidiennement dans les infos des endroits du monde déjà touchés par le dérèglement climatique (inondations, incendies massifs...). Le monde est en ébullition, preuve supplémentaire que tous les voyants (économiques, stratégiques, écologiques, politiques) sont dans le rouge. On la déplie davantage. On rêve à nouveau. On balade ses yeux dans le Grand Nord, on bascule de continent pour suivre la Route 66, franchir la cordillère des Andes, passer le Cap Horn ou l'autre, plus clément et bien ailleurs, celui de Bonne-Espérance. On peut retrouver la source du Nil au lac Victoria, filer sur le Mississippi pour finalement sauter en Asie et s'échouer dans le Gange qui lui me fait penser à Darjeeling en me disant qu'il faudrait y être au moment où les fleurs de théiers éclosent. On se dit que Noël en Laponie bien au-delà du cercle polaire s'impose, que les îles Shetland ou Orcades sont incontournables et qu'arpenter l'Irlande sous la pluie nous séduit. Se perdre dans la zone Iran, Syrie, Jordanie et Israël, qui semble impossible à réunir dans le même passeport, doit valoir dix ans d'études ou de lectures sur les relations complexes entre les peuples. On pourrait jouer aux cartes planétaires jusqu'au bout de la nuit, nous y jouerons toute notre vie. Les cartes donnent envie d'ailleurs, elles transportent et guident, font rêver et concrétiser. Elles informent en donnant forme. Merci Mercator, qui grâce à sa projection, me fait rêver depuis tout petit, quand sur les vieux atlas de mon père, je traçais au crayon d'hypothétiques et infinies expéditions. Aujourd'hui, je continue d'en tracer et j'aime en emprunter physiquement les routes.

Départ dans 65 jours

De l'idée de la rupture à la rupture

S'inscrire dans la rupture est un concept qui me séduit depuis le début de la mise en route du projet. Une interruption brusque de ce qui durait (peut-être depuis trop longtemps pour certaines choses) est ce qui me plait le plus dans l'idée de rupture. Ce besoin, plusieurs fois ressenti et parfois assumé dans mon existence, est aussi fort que flou. Il s'impose, c'est tout. Je ressens juste que c'est l'heure d'un changement fort, d'une mutation, d'une évolution. Un départ au retour incertain demande d'avoir conscience de ce phénomène de *mise en rupture* si l'on veut que l'aventure ait une chance de réussite.

Il lui reste cinq jours. Elle entame aujourd'hui, au boulot, son décompte final, sa dernière semaine. Ensuite, ce sera terminé, rompu et ce genre de décompte, il y en a qui s'enclenchent sur tous les fronts depuis le début de nos préparatifs. Amitié, relationnel, matériel, confort, professionnel, fonctionnel et d'autres registres encore sont à clôturer, à mettre en suspens ou à adapter pour convenir au nouveau mode de fonctionnement qu'imposent la distance et la durée d'absence. Partir c'est un peu s'effacer, se retirer de l'univers concret que nous connaissons et où on nous connaît pour des *ailleurs* abstraits où nous ne sommes et n'avons rien. Partir c'est le moment de faire des choix et de subir des choix qui s'imposent. On sait, dès le commencement, que quelques personnes disparaîtront de nos pensées tandis que d'autres, peu importe l'éloignement ou la durée, resteront toujours. On doit clôturer les problèmes laissés de côté ou autres histoires qui traînent dans nos esprits ou dans nos cœurs. Discuter, terminer, pardonner, apaiser, c'est important d'être en paix avec nos âmes lors d'une mise en route. Il faut se séparer d'un tas de choses. Certaines sont des souvenirs précieux que l'on ne peut pas emporter. Le peu de place disponible pour stocker ce qui reste au pays oblige à s'en séparer en les remplaçant parfois par une photo ou une note dans un carnet ou encore juste par un ressenti que l'on espère impérissable. Aussi, il faut faire des *microdeuils*. Le sourire de la boulangère, le rapport sympathique avec l'épicier, la bière parfaite au bistrot de la place, une moto patiemment désirée pendant vingt ans et bien d'autres encore. Certains sont plus douloureux comme la proximité physique et attachante d'un fils, la présence d'un ami sûr et de copains avec qui on aime partager un instant agréable, de la famille rassurante. Oui, c'est tout cela aussi partir. Mais je sais qu'il est bon pour moi, pour nous, de rompre. Ça oblige à mettre de l'ordre partout, ça force à ne garder que l'essentiel pour se concentrer sur le *vrai*. J'aime l'impression de la page blanche. Où tout est à écrire. Les personnages des anciens livres existent encore, mais les lieux, les relations, les scénarios sont à imaginer entièrement. Elle et moi sommes des rêveurs et les rêveurs ont besoin de rêver, sinon à quoi sont-ils bons ?

Rêver pour vous réveiller ! De rêveurs vous deviendrez des éveilleurs !

Gitta Mallasz

Un rêveur est celui qui ne trouve son chemin qu'au clair de lune et qui, comme punition, aperçoit l'aurore avant les autres hommes.

Oscar Wilde

Départ dans 62 jours

De la trace à l'empreinte, il n'y a qu'un pas

La vie errante, le ciel ouvert,
pour pays tout l'univers,
pour pays tout l'univers,
pour loi la volonté;
oui, pour pays tout l'univers,
tout l'univers,
pour loi la volonté,

et surtout, la chose enivrante :
la liberté ! La liberté !

Extrait de *Carmen* de Bizet

Hier, nous avons assisté à une représentation de *Carmen*. Des roulottes, des gitans, de l'amour, de l'humour et un hymne à la liberté sublime. Tous les ingrédients étaient réunis pour me séduire. La rencontre entre l'opéra et moi a eu lieu. Dans cette tragédie teintée d'humour, le message émis et les mots ont immédiatement tatoué mon esprit.

La liberté ! Pourtant conscient qu'errer est tout sauf un mode d'existence insouciant - les contraintes techniques et administratives étant nombreuses - il me semble voir là une des dernières manières d'être qui permette de goûter aux vestiges de la vie libre. La bohème offre aux téméraires qui font les sacrifices et lâcher-prises nécessaires de jouir de cette valeur enivrante abordée dans *Carmen*. Voyager m'a toujours procuré cette douce euphorie que génère la sensation de liberté de se mouvoir où bon me semble, d'organiser mon quotidien en fonction de mon humeur, de n'avoir à gérer que bien peu de choses, de ne recevoir ni factures ni appels téléphoniques, de pouvoir écrire ou lire, de m'arrêter pour discuter avec un inconnu, d'écouter un musicien de rue, de regarder un chien jouer avec un bois ou même d'écouter mes cheveux pousser. Ne penser à rien et jouir du silence sont aussi importants à l'épanouissement que tout le reste. Il n'y a qu'en voyage que je parviens à m'offrir ces instants, y parviendrais je en vivant sur les routes ?

Simplicité-Simplicité-Simplicité !

Walden de H.D. Thoreau

La maison se vide aussi certainement que les réserves mondiales de pétrole. Plein d'objets achetés à prix d'or pendant vingt ans de carrière de consommateur désertent les lieux. Revendus à des prix dérisoires, je m'interroge à nouveau sur l'intérêt de nos démarches d'achat, sur nos choix d'Européens opulents. Je pense à toutes ces choses qui ont nécessité tant d'énergie pour finir chez moi. Il a fallu les penser, les produire, les promouvoir, les acheminer et moi, j'ai dû travailler, les chercher, les déménager plusieurs fois. Il y en a tant. Je ne suis pourtant pas pire qu'un autre. Des câbles, des DVD, des ustensiles sans réelle utilité, un fax, un ordinateur inutilisé, des bacs en plastique, des vêtements, des outils, des meubles, des lampes, de vieux téléphones, un appareil à raclette... La liste de ces machins que nous accumulons est infinie. Chacun d'entre nous possède des tonnes. Trop certainement, beaucoup trop. Sans cesse, on stocke, on amasse, on remise. Et quand nous passerons du côté obscur, du silence définitif, de l'immobilité irréversible ? Que deviendra tout ce volume, cette masse retrouvée là dans des armoires, des tiroirs, des caisses ? La majorité ira grossir les décharges, le reste s'ajoutera au patrimoine déjà encombré de nos héritiers qui perpétueront ainsi cette logique d'accumulation. Je suis heureux de réduire volontairement ce volume et même si je suis conscient qu'il a été produit et qu'il a nécessité des ressources pour exister, ça m'apaise de le voir disparaître. Je me promets qu'on ne m'y reprendra plus : plus d'achat qui ne sera réellement considéré et réfléchi. Vivre plus simplement. Ce propos m'avait déjà poussé à partir habiter dans une roulotte, puis dans une yourte, mais là aussi je ne m'y étais pas bien pris. J'avais rechuté. Trop de bidules, toujours trop. C'est bon à présent de regarder ces choses s'extraire. Je ne m'en lasse pas. Je n'ai aucune nostalgie, pour aucune d'entre elles. Bon débarras.

Pour partir faire notre trace, nous avons fait le choix discutable, et d'ailleurs longuement discuté, d'être lourdement équipé. Un fourgon, une caravane et du matériel. On aurait pu partir avec beaucoup moins, mais l'enfant, le chien... J'espère parvenir un jour à ne plus trouver d'excuses pour voyager léger. Contrairement à ma démarche d'habiter en yourte, nous n'adoptons pas ce mode de vie pour des raisons écologiques. Je ne peux pas cependant ignorer cette question. Quelle sera l'empreinte écologique de notre nouveau mode d'existence ? Même si cette notion d'empreinte écologique est controversée, on ne peut pas discuter le fait qu'exister, consommer, acheter et posséder a un impact sur la planète et que cela nécessite énormément de ressources, bien plus que la Terre ne peut en produire. Et même si le mode de calcul est orienté, constater que si tous les habitants de la planète vivaient comme un homme ou une femme d'affaires européen nécessiterait 11,43 planètes Terre à exploiter sans merci reste effarant. Se comporter comme la moyenne des citoyens européens en réclame 3,4. Comme un Américain 6,81. Reste à méditer sur le 0,55 chinois et 0,45 Africain (source footprint/WWF). Qu'est-ce que ça veut dire finalement ? Tout et rien à la fois. Ce qui est certain, c'est que nous exagérons. Mais ça, en étant honnête avec nous-mêmes, chacun le sait. Nous sommes sur le pont du Titanic, une heure avant de sombrer, tout le monde continue de danser, rire et manger sous les lampions. Obstinons-nous à croire qu'il ne peut rien nous arriver, que tout va bien. Le déni de l'évidence.

Pour faire *notre trace* donc, nous laisserons une empreinte toujours conséquente. En effet, 1,5 planète serait nécessaire si chaque terrien choisissait de faire l'expérience que nous projetons. Et même si c'est déjà bien moins que les 3,4 réclamés par notre sédentarité, je médite et pense déjà qu'il devra s'agir d'une étape seulement, qu'il faudra évoluer et s'alléger davantage dans le futur.

Départ dans 60 jours

Les conquérants de l’inutile

Le moment nous séparant de l’heure où nous larguerons les amarres est souvent long, mais en même temps trop court. Tant de rêveries portent à nous réjouir et tellement de tâches à accomplir pour être prêts nous préoccupent. Nos journées sont un mélange d’excitation, d’attente forcée et de multiples besognes. Certains paramètres se gèrent avec plus de difficultés que d’autres. Me souvenir que le quotidien inhérent aux préparatifs n’est pas ma nouvelle vie par exemple. C’est comme si je naviguais à vue au milieu d’épaisses brumes sur une mer chaotique en n’apercevant plus au loin la terre promise où je projetais d’accoster. Je subis la houle et le roulis, les intempéries, j’écope, rectifie le cap, répare des avaries, adapte, mais quelques fois, c’est tellement astreignant que j’en oublie même le but de cette expédition. Puis, je me recentre et me souviens de cette phrase de Nietzsche : « La liberté ? Quelque chose que l’on a et n’a pas, que l’on veut, que l’on conquiert » et de ce titre de Lionel Terray : *Les conquérants de l’inutile*, ressenti si souvent perçu cette dernière décennie. À nouveau donc me voici face au défi.

Quelles sont nos intentions, moteur de notre motivation ? Qu’est-ce qui nous habite au point de produire en nous une énergie qu’on ne suspecte même pas posséder ? Pourquoi parfois sommes-nous capables d’exploits alors que d’autres journées, nous peinons dès le réveil ? Tout tient évidemment dans la perspective de ce que nous allons éprouver. Être dans sa vérité. Se lever en étant convaincu que ce que nous vivons est ce que nous voulons vivre, ou que cela sert cette cause. C’est ce qui me pousse chaque jour à vider ces armoires, à trier, à organiser, à nettoyer, à jeter, à mettre en vente, à ranger et tout le reste.

Par hasard, j'écoutais Frédéric Lenoir parler de son livre *Socrate, Jésus, Boudha* et aborder le thème de l'existentialisme. Il revenait sur l'apparition dans son existence de cette sacrée question que chacun s'est déjà, a priori, posée : « Pourquoi suis-je sur Terre, pourquoi sommes-nous là en tant qu'individus ? » Il s'agit d'aller au-delà des raisons derrière lesquelles on se réfugie (boulot, famille, enfants, amour...) plus ou moins confortablement afin d'éviter le questionnement dérangeant, de balayer les chimères après lesquelles on court toute une partie importante (voire la totalité) de notre destinée. Et si la réponse était finalement d'une simplicité déconcertante ? Tellement évidente qu'elle tiendrait en un seul mot : jouir. Et si le paradis (athée) était ici ? Si ce microscopique point bleu perdu au milieu de cette immensité galactique infinie, sombre et franchement hostile était l'*Éden* ? Si nous étions toutes et tous les heureux gagnants des billets qui y donnent accès ? Tout est si parfait ici, si magique. La Terre, en tant que biotope extraordinaire, à elle seule, peut nous combler. Nous sommes allés trop loin dans cette quête dévastatrice du toujours plus de confort. On aurait pu s'arrêter. Il faut s'arrêter. Imaginons ces cartes postales avec des photos d'îles (en sursis) sublimes en Océanie. Pensons à toute cette diversité (restante) de la faune, de la flore. À cette nourriture qui pousse sur des arbres, à cette eau claire (enfin avant) qui coule et qu'il suffit de boire, à ces graines transportées par le vent qui tombent on ne sait où et qui donnent naissance à une plante qui sert d'aliment. À la perfection de nos corps où tout a été conçu pour des plaisirs menant à l'extase. Non, tout ceci est trop fabuleux pour ne pas être de l'ordre du miracle (les vrais). Tout a été fait pour que nous soyons bien. Il n'y a peut-être rien après cette conception, nous ne sommes là que pour être, sans tout compliquer, sans chercher à l'améliorer sans fin avec une infinité de nouveaux accessoires. Bien, simplement. Il faudrait que nous parvenions à imprégner notre départ de cet élan de simplicité à laquelle adhérer toujours davantage, certainement porteuse de bien-vivre. C'est pour cela aussi que ce voyage se différencie de mes mises en route passées. Je n'ai cette fois pas de grandes ambitions « touristiques », rien que je veuille absolument voir, aucun *spot exotique* que je ne puisse pas envisager de rater. Puis, tout est devenu de toute manière si pareil, si médiatisé, si désingularisé. Les pauvres du globe savent désormais qu'ils le sont et les nouveaux riches s'enorgueillissent de leur entrée dans le club mondial des *ultra-consommants*. Les existences simples d'autrefois ne sont plus que subies pour la plupart des laissés pour compte de la mondialisation mercantile. La fierté qu'ils avaient à appartenir à tel peuple au tel mode de vie traditionnel, à telle corporation d'artisan, telle religion ou telle famille est un sentiment révolu. Rares sont les *différents* qui ne souhaiteraient pas devenir nos *semblables*. Et nous alors, que voulons-nous ? Je pense à la tribu des Zoé, à leur harmonie, à leur bonheur dans la simplicité. Leur vie quelque part dans la forêt amazonienne est un des derniers exemples d'existence libre et heureuse, mais en sursis. Je réalise alors combien de liens j'ai sacrifiés à la notion de possession. Je relève au travers des Zoé et de mon constat sur la *désingularisation* des individus l'absurdité de notre quotidien régi par la satisfaction de nos désirs matériels, confondant plaisir et bonheur. Convoiter c'est se frustrer. Toujours courir pour combler ce mal-être difficilement définissable et que la plupart d'entre nous ne cessent de nier tout en le subissant. Que raconte leur petite voix quand, dénudés de tout ce matériel et que la belle voiture est remisée dans le garage, ils s'endorment le soir ? Sont-ils heureux ou ne se disent-ils pas la plupart du temps que bientôt ils le seront ? Le bonheur n'est pas dans les choses, il est un bien de l'âme.

Départ dans 59 jours

Conscience inconsciente

Notre vie n'est que choix, un voyage avec une succession de croisées de chemins, de rencontres, mais également d'impasses et d'embardées. Puisqu'il faut ne pas perdre le nord tout en veillant à ne pas être trop à l'ouest et que l'orientation est une histoire d'astres, autant s'en remettre à sa bonne étoile lors de choix douloureux. Partir ou ne pas partir ? En partant, je transmets un message à mon fils : « Il ne faut pas se résigner. Jamais. Il faut expérimenter ses désirs même utopiques. Une chance d'être heureux, un seul passage ». Je lui offrirai la compagnie, certes plus rare, d'un père épanoui, loquace, enthousiaste et disponible quelque part sur les routes plutôt qu'un ersatz paternel aigri et négatif aux yeux éteints, mais présent tous les matins pour lui lacer ses chaussures. Quand la famille éclate, que les idéaux se brisent, il faut réorganiser le fonctionnement, mais maintenir son cap. Ne pas voir en nos enfants des boucs émissaires, responsables de la faillite de nos ambitions de voyages. S'adapter, communiquer, s'organiser sont des alternatives au fatalisme. Il est possible de faire des choix radicaux et adaptés. Opter pour la voie du milieu en se tenant prêt à assumer le moment des explications tout en leur laissant le droit de nous en vouloir. Il s'agit de transformer un échec en une richesse. Et tenter de ne pas oublier ceci : tout est en mouvement, rien n'est permanent à l'exception de l'impermanence elle-même, tout peut donc évoluer. Un voyage au long cours c'est ça aussi, une suite de décisions, parfois compliquées. Il faut toujours choisir la lumière et rien ne nous oblige à nous éteindre, à renoncer à nos rêves, rien, ni personne.

Celui qui veut faire quelque chose trouve un moyen, celui qui veut ne rien faire, trouve une excuse.

Proverbe arabe

Départ dans 52 jours

Elle dit n'être rien et pourtant

Je ne suis rien, je le sais, mais je compose mon rien avec un petit morceau de tout.

Victor Hugo

Cet après-midi, chez un ami cher, je présentais mon équipière pour la première fois. Après quelques banalités d'usage, il l'interrogea à propos de *ce qu'elle était*. Après un discret sourire, elle lui répondit simplement qu'elle n'était rien. Rien. L'ami a hésité puis a changé de sujet. Sa réponse m'a gêné. Intelligente, possédant une vaste culture générale et littéraire, elle brille dans ce qu'elle entreprend. Pourtant, elle répond à ce vieil ami auquel je souhaitais qu'elle plaise autant qu'à moi : rien ! Je relevai là une humilité suspecte. La conversation s'est poursuivie et pendant que je bavardais avec cet ami, je continuais de songer à sa réponse, « Je ne suis rien ». Ayant d'abord pensé qu'elle cherchait, pour une raison que j'ignore, à se sous-estimer, j'ai fini par trouver cette contraction d'elle intéressante. C'est finalement un bien bel état de n'être rien, de ne se faire engluer dans aucune caste, de ne pas avoir à supporter une étiquette, de se démarquer humblement de tout ce système dans lequel elle ne se retrouve pas, d'envisager demain sans grandes ambitions, sans grands désirs et donc sans autant de frustrations potentielles, donc de souffrances. En poursuivant ma réflexion, en discutant avec elle et en découvrant cette phrase que Hugo a écrite à-propos de lui-même, l'idée continue de me séduire. Et si c'était là une clé supplémentaire pour envisager la vie avec plus de simplicité. Le bouddhisme suggère que la souffrance naît de l'envie, que l'envie engendre la tristesse, la frustration et la colère. Renoncer au désir, à être quelque chose en n'étant simplement que ce qu'on est. N'être rien permet d'être tout. Ne prétendre rien autorise à vouloir tout.

Départ dans 48 jours

Ici, nos rêves sont étroits

> *La sagesse, c'est d'avoir des rêves suffisamment grands pour ne pas les perdre de vue lorsqu'on les poursuit.*
>
> Oscar Wilde

Dans la routine, parfois rassurante, qui ne manque jamais de s'installer dans nos quotidiens, même si on s'y oppose de toutes nos forces, les semaines défilent, ensuite les mois qui très vite deviennent des années. Le temps passe sournoisement. On vieillit chaque journée aussi certainement que le jour échu ne se représentera jamais. Chaque minute compte donc. Le temps est notre bien le plus précieux et veiller à ne pas le gaspiller devrait être une de nos priorités. Au fil du temps, nos songes se retrouvent agglutinés sous des feuillets de calendriers périmés. Nos idéaux finissent par disparaître de notre esprit et quittent donc le *champ des possibles*, laissant toute la place à la routine lancinante. Le temps a gagné, nous voici fourvoyés, enrôlés par le quotidien, ce puissant chloroforme de l'esprit. Dans nos existences modernes existe le culte de la perfection liée à la performance. Il nous faut être de bons parents, de vrais amis, des enfants reconnaissants, des amants doués, des collègues agréables, des employés compétents, des citoyens consciencieux, des voisins polis... Durant notre quête illusoire de perfection, nous avons toujours tant de tâches dont il faut nous acquitter, tant de solutions à trouver. Des factures à payer, un boulot à terminer, des enfants à amuser, un conjoint à honorer, une amitié à entretenir, un dîner où aller, une pelouse à tondre, un courriel ou un appel téléphonique qui traîne en tête depuis un bon moment, une voiture à laver, des poubelles à sortir, une caisse à ranger, quelque chose à nettoyer, un parent à visiter, une course à faire. S'affairer, courir, penser, faire, défaire et parfois refaire serait finalement la structure verbale de nos existences prosaïques. Et nous oublions que la vie passe. Je fais un lien avec le livre de Nicolas Hulot, *Le syndrome du Titanic*. Comme tous les candidats prophètes, son message n'est pas perçu à sa juste intensité. Si ses propos irritent, c'est qu'ils mettent en évidence le fait que ce après quoi nous courons tous les matins est en train de nous compromettre, un peu à l'image de poissons qui s'activeraient frénétiquement à construire une usine de canne à pêche. Absurde ! Tout comme notre obstination à persister dans un schéma qui ne fonctionne pas. Pendant qu'on court après nos chimères, pendant qu'on boit les week-ends pour se distraire (ou oublier), pendant que l'on compense sur Amazon ou chez IKEA, qu'on se focalise sur les tâches à accomplir, car il faut bien que quelqu'un les fasse, inexorablement notre modèle prouve ses limites et nos rêves, eux, s'effacent. Il est certainement normal que nous refusions de le constater. L'admettre serait déjà reconnaître la vanité de notre modèle existentiel. L'aveuglement permet de régler le réveil pour poursuivre notre voie vers... Où ça exactement ? Est-ce que nous savons toujours à quoi rime ce remplissage effréné de nos journées, de nos destinées ? Mais continuons à danser, chanter et rire (pour les plus chanceux), à s'affairer, consommer et polluer (pour les autres), car jusqu'ici tout va bien. Il ne peut rien nous arriver. Le bateau coule, mais doucement, on a le temps (encore lui). Le système financier, les nations, l'église, le pétrole, les valeurs, les relations Orient-Occident, le climat, la santé, tout dégénère, comme nos rêves. Jean-Jacques Goldman chantait, il y a 20 ans déjà, *« Ici, nos rêves sont étroits, c'est pour ça que j'irai là-bas »*. Peut-être aussi étroit que notre vision de ce qui se passe. Malheureusement, je ne parviens pas à partager la vision des hindous, au sujet des renaissances successives, nous ne sommes ici qu'une seule et unique fois. Affranchissons-nous du lourd héritage, prenons un instant pour penser à nous, rectifions le cap et vivons nos rêves.

Départ dans 45 jours

Ni pour, ni contre, bien au contraire

Les heures s'étirent à l'infini. Au milieu des tâches ingrates de préparatifs demeurait le passage au contrôle technique du fourgon, corvée maintes fois reportée. Là, dans la file d'attente, une réalité m'a frappé. J'observais l'employé, un type d'une trentaine d'années, tout de bleu vêtu, avec un grand logo brodé sur le cœur, qui s'activait mollement à cette heure plutôt matinale. Chaque jour, à l'exception de ceux où on lui donne l'autorisation de ne pas, il s'occupe du contrôle des phares de voitures. À travers les âges, seules les espèces ayant su s'adapter ont persisté et ont assuré leur pérennité. Les autres, les inadaptés, ont disparu, éradiqués par leur incapacité à découvrir un nouveau biorythme dans le biotope. Ils ne seraient pas parvenus à capter les ressources suffisantes pour leur épanouissement. J'ai alors réalisé que ce gars-là, probablement abonné à Netflix, fan de Lady Gaga, heureux propriétaire d'une Volkswagen Golf dernier modèle, de plusieurs jeans d'une marque à la mode et du dernier iPhone, est l'espèce dominante adaptée et que moi, je suis peut-être l'autre. Le voici devant la calandre de mon fourgon. Il rit généreusement d'une blague potache qu'un collègue-farceur, pareillement vêtu, lui joue. L'ambiance hilare retombée, l'autre retourne à *ses* phares sur la ligne voisine. Ils ont l'air satisfait. Ils s'amusent, travaillent docilement et sont certains de percevoir à la fin du mois suffisamment d'argent pour assumer le crédit de la Golf, le loyer et l'abonnement à la salle de sport. Que demander de plus ? Ils se sont adaptés. Ils sont l'espèce pour laquelle la société où je suis né existe. Leurs facultés, que je ne possède pas, m'intriguent. Pour comprendre, rentré à la maison, je me plonge dans quelques textes de Darwin puis poursuis mes recherches vers la notion de résilience. Je cherche à avoir une perception plus précise de la logique de survie des espèces. Dans un entretien paru dans la revue *Nouvelles Clés* et titré « La civilisation est un délire logique », l'écrivain-neurologue-éthologue Boris Cyrulnik explique comment une espèce qui ne sait pas s'adapter à l'écologie (au sens large, l'écologie étant la science qui a pour objet les relations des êtres vivants (animaux, végétaux, micro-organismes) avec leur environnement, ainsi qu'avec les divers êtres vivants) développe des moyens pour contrer les effets inconfortables d'une situation. Il aborde ensuite les effets secondaires de ces adaptations (ex. : l'invention des moulins et de la charrue après les grandes famines qui ont entraîné la prolifération des rats puis du bacille bubonique et donc l'apparition de la peste à très grande échelle qui décima la moitié de la population européenne au 18e siècle). Les adaptations technologiques se retourneraient donc toujours contre nous (la vaccination, la médecine et ses miracles allongent notre espérance de vie et favorise la démographie ce qui mathématiquement sera la perte de l'espèce humaine). Ces propos m'interpellent. Je continue avec une interview de Frank Fenner parue sous le titre « Il est déjà trop tard : l'espèce humaine devrait s'éteindre ce siècle ». Tout est dans le titre. F. Fenner détaille l'idée taboue que l'explosion démographique et ses corollaires – la boulimie énergétique, productiviste et consumériste – mène l'humanité à sa perte. Qu'il y a déjà trop d'êtres humains sur la planète et que nous allons disparaître. Quoi que nous fassions maintenant, il est trop tard. De la prose *findumondiste*, il y en a pléthore sur Internet. La différence ici, c'est que ces propos émanent d'un brillant scientifique. Âgé de 95 ans, F. Fenner ne cherche pas la notoriété à grand renfort de propos sensationnels, il dit ce qu'il pense. Ce professeur de microbiologie a œuvré à l'éradication du virus de la variole ainsi qu'à bien d'autres réussites scientifiques. Cela ne l'empêche pas de pouvoir être sénile. Peut-être. Peut-être pas. Cyrulnik, Fenner, mon contrôleur de phare, je ne sais si un seul d'entre nous a raison ou dans ses propos, ou dans ses attitudes. Il faut peut-être juste admettre que certains ne naissent pas où ils devraient, à l'époque qu'il faudrait. Que plusieurs modèles existent, que ce n'est pas parce que tout le monde répète un propos, une manière de faire, que c'est LA manière de penser, d'agir. Parvenir à s'extraire des schémas toxiques – familiaux, relationnels, professionnels, culturels… Mais s'exclure n'est-ce pas la définition de ne pas s'être adapté ? Un peu perdu, je m'accroche aux fondamentaux en relisant ces vers de Baudelaire :

Il est l'heure de s'enivrer !
Pour n'être pas les esclaves martyrisés du temps,
enivrez-vous ;
enivrez-vous sans cesse !
De vin, de poésie ou de vertu, à votre guise
Mais enivrez-vous.

Départ dans 42 jours

Voir le monde, nous me fascine !

> *Le vrai domicile de l'homme n'est pas une maison, mais la route, et la vie elle-même est un voyage à faire à pied.*
>
> Extrait de *Qu'est-ce que je fais là ?* de Bruce Chatwin

> *Les blancs changent sans arrêt le monde pour l'adapter à la vision fluctuante qu'ils ont de l'avenir. Les aborigènes mobilisent toute leur énergie mentale pour laisser le monde dans l'état où il était. En quoi cette conception est-elle inférieure ?*
>
> Extrait de *Le chant des pistes* de Bruce Chatwin

Pourquoi partir finalement ? Nous ne sommes pas si mal ici, parfois même, nous sommes bien. Nous nous interrogions ce matin à propos de nos rôles sociétaux et sur l'idée qu'évoluer en société n'est peut-être pas la seule option viable pour les humains. Mais, pour que plus de 7 milliards d'individus aussi complexes que différents cohabitent sur un espace restreint et non extensible – la Terre – s'organiser serait indispensable. C'est une question de survie élémentaire. À chaque lever de soleil, environ 232.000 habitants supplémentaires nous rejoignent, l'administration et la réglementation des sociétés humaines seraient donc incontournables. La masse principale des êtres humains se fait plus ou moins à cette conception, souvent. Ils suivent le schéma reçu. Suivre, comme dans les troupeaux. L'homme serait-il une espèce de mouton qui a dégénéré ? Un mammifère avec trop de facultés mal utilisées produisant des effets qui se retournent contre lui ? L'homme aime suivre (la mode, les tendances, le mouvement, les consignes, dans les files), mais aussi il sait se persuader. À des degrés divers et avec des attitudes différentes en fonction de si on se trouve être (je me réfère à Pavlov et ses rats de labyrinthe) un dominant, un dominé, un souffre-douleur ou un indépendant. Quelques puissants, pourvus d'une certaine intelligence, d'une grande cupidité et avides de pouvoir, composent la musique et tous les autres dansent. Grâce à la médiatisation universelle, ceux qui avaient la chance, ou pas, d'être exclus de la ronde, assistent à présent au spectacle et veulent, tout comme nous, mettre de beaux habits et danser. Dansons, dansons.

Et le voyageur dans tout ça ? Plus précisément, l'artiste-voyageur – le photographe, dessinateur, peintre, écrivain, vidéaste, musicien, conteur, poète et consorts – qui est-il ? Quelle est sa place dans le spectacle dansant ? Pas ces chasseurs d'exotismes et autres collectionneurs de bornes en avion ou de cartes postales numériques, mais plutôt ces personnes qui *disent le monde,* ceux dont le rôle est d'observer, de rapporter, de montrer et de partager *l'ailleurs.* Ils ont accepté leur différence et en ont fait un art. Comprendre et accepter sa singularité permet de nous observer, tous avec nos particularités, en train de s'activer, de rêver à d'autres choses, de s'aimer, se haïr, se convaincre, lutter, s'obstiner, s'occuper à des vanités, d'autres à vouloir mieux.

S'intéresser à comment certains s'adaptent au terrain, au climat, aux éléments... Oui, il est fascinant de constater les richesses humaines, nos qualités, notre intelligence, nos beautés, mais également nos faiblesses, nos inepties, notre faculté d'auto-destruction, notre irrationalité, nos guerres, nos folies. Observer tout : nos enfants, nos animaux, nos arbres, tous ces contrastes et ces interactions passionnantes. Parfois une douce fantaisie, mais souvent une folie, parfois une cruauté habite le genre humain. Cette dualité nous caractérise. Pouvoir créer de magnifiques choses un jour en commettant la pire atrocité le lendemain : le paradoxe humain.

Départ dans 40 jours

Quarantièmes rugissants

Nous arrivons à un stade des préparatifs qui ne laisse aucun doute quant à l'objectif final : ne presque plus rien posséder. C'est aussi impressionnant pour les yeux que pour l'esprit. Ces dernières heures, le grand effacement matériel provoque en moi de curieuses sensations contrastées et intéressantes. L'effet d'allègement se poursuit et reste agréable. Mais de plus, il y a cette étrange impression : à chaque photo enlevée, chaque meuble emporté par un acquéreur, chaque sac-poubelle de souvenirs déposé sur le trottoir, chaque objet donné, une partie de mon univers se gomme. Comme si tout élément du décor de mon histoire disparaissait pour petit à petit me laisser seul au milieu d'un arrière-plan blanc. Il y avait tant au départ. Il reste si peu. Je suspecte que nos objets nous donnent le sentiment d'exister ou d'avoir existé. Ils matérialisent ce que nous vivons et ce que nous avons vécu tout en constituant un rempart physique entre nous et les autres, entre nous et dehors, entre nous et le Monde. Ils nous isolent en créant l'illusion de nous protéger. Volontairement dépouillé, je dois me reposer sur ma mémoire pour me rappeler que toute cette existence, la mienne, a eu lieu. Me faire confiance et développer une vie intérieure où les seules richesses seront spirituelles et émotionnelles. Bientôt, nous quittons le *statisme* ambiant pour l'errance choisie. En n'utilisant pas le futur, j'écourte encore le cap des 40 journées restantes que nous franchirons à minuit avec le même soulagement qui habite le marin qui franchit celui des quarantièmes rugissants. Bientôt donc, nous romprons avec les entraves et les multiples servitudes de la société moderne. Nous nous soustrairons de la rigueur horaire pour la légère insouciance de la journée libre. Nous abandonnerons le trop matériel pour beaucoup moins à gérer. Qu'allons-nous faire de tous ces changements ? Nous parlons de phase de désintoxication. Il va falloir apprendre à vivre avec moins de noms de jours, moins de « il faut » à honorer, moins de journées formatées des semaines à l'avance. Nous allons devoir apprendre à nous affranchir de la frénésie des programmes journaliers chargés, apprendre à nous écouter, à improviser, à simplifier, à respecter nos rythmes et nos idéaux. Ensuite, et enfin seulement, nous parviendrons peut-être à vivre pleinement l'échappée pour laquelle nous nous préparons depuis plusieurs mois maintenant. Bientôt, l'instant sera venu pour le caprice des rêveries, de la légèreté de l'envie, de l'indépendance et surtout il sera temps de se consacrer au culte de la liberté, cette rareté. Nous y travaillons, car nous ne voulons rien rater de notre affranchissement.

Départ dans 32 jours

La position du missionnaire

Quand nous discutons de la route que nous allons emprunter pour rejoindre Dakhla à la frontière entre le Sahara Occidental et la Mauritanie, je remarque que pour chaque pays que nous allons traverser, toute une série de clichés parfois accompagnés de préjugés m'envahit. Après réflexion, j'en conclus qu'en fait pour la plupart d'entre nous et pour la plupart des pays, il en est ainsi. Chacun a son lot de certitudes à propos de telle ou telle nation. Par exemple, la France est peuplée de chauvins, en Espagne la nourriture y est grasse et le peuple bruyant, le Portugal est pauvre, mais l'Algarve est une très belle région, il y a chez les Maghrébins de pénibles vendeurs qui harcèlent les touristes... Et, en élargissant notre horizon, mais pas nos œillères, que l'Inde est sale, que les Chinois noient les petites filles quand elles naissent, que les Occidentaux sont indésirables en Iran, que l'agressivité et l'alcoolisme sont généraux chez les Russes, que les Africains ne sont bons qu'à danser et se faire la guerre, que l'Amérique centrale est violente, que le Mexique est dangereux, que les Roms sont des voleurs, que les Américains sont obèses et superficiels, que les Suisses sont propres et disciplinés, que les Scandinaves sont écolos... La liste de ce que l'on peut croire, entendre, imaginer, répéter, lire est presque infinie. La plupart des individus colportent en ne craignant pas de stigmatiser, généraliser, amplifier, amalgamer, dénigrer. On justifie ainsi sa peur de l'autre en se racontant de bonnes raisons de le craindre ou tout du moins ne pas l'apprécier ou s'en méfier. Ces gens ne sont pas comme nous finalement, nous qui sommes si parfaits, si bons en tout. Nous qui savons et avons raison. C'est ce que Michel Onfray dénomme dans sa *Théorie du voyage*, poétique de la géographie, la « *position du missionnaire* ». Cette vision que l'Occidental porte dès qu'il franchit l'extrémité de son quartier ou au mieux les frontières de son pays. En me rendant compte que je n'échappais pas à cet automatisme, j'ai compris la nécessité de travailler mon état d'esprit avant notre départ, de partir avec des yeux d'enfants, comme si c'était la première fois que je voyais les pays. Surtout ceux où je suis souvent allé et que j'ai l'impression de connaître. L'impression, car finalement même si j'ai habité en Espagne et qu'il me semble la connaître ou même si je cumule plusieurs longs séjours en France, que sais-je réellement et objectivement de ces endroits ? Idem pour le Portugal, le Maroc et tous les différents pays où nous aurons la chance d'aller. Qui sont-ils, qu'ont-ils vécu, que vivent-ils, comment, pourquoi, comment nous perçoivent-ils ? (Re)découvrir les lieux, les gens, la cuisine, la musique, la danse, les paysages, les langues, les plantes, les animaux, les villes, les campagnes, la littérature, l'art, l'histoire en étant le plus déparasité possible de mes préjugés. Je voudrais parvenir à me placer innocemment en tentant d'oublier ce que j'ai lu, appris ou entendu. Je voudrais plutôt que comparer, découvrir. Enrayer la corruption de l'esprit par nos perceptions d'adulte pour la remplacer par la candeur des enfants que nous avons tous été, il y a trop longtemps.

Départ dans 26 jours

Mont-blanc

Nous expérimentons notre véhicule et son matériel afin d'éventuellement ajuster quelques détails. Nous avons choisi les reliefs alpins pour éprouver la mécanique.

Seuls les campagnes reculées et les sommets montagneux dépollués de la luminosité urbaine permettent encore de se délecter des poétiques et mystérieuses vues de la voûte céleste. À Plaine-Joux, nous nous reconnectons au réel, nous goûtons à notre avenir proche. S'isoler dans ces montagnes nous bascule dans une autre dimension temporelle. On sent qu'ici une heure n'a pas la même durée que dans nos villes. Ici, le jour s'étire au calme et le calme est contagieux. On ralentit. On voit notre programme à la baisse. On se satisfait d'être. C'est de bon augure pour notre départ, le vrai, dans trois semaines, car être plus est le but principal de notre démarche nomade.

Départ dans 5 jours

Bientôt

Avec ce départ imminent et toute l'effervescence l'accompagnant, je nous sens vivants. Nous sommes heureux de bientôt faire le saut, heureux de nous embarquer pour l'inconnu, immensément chanceux et joyeux à la pensée de partir chasser la liberté. Vivre c'est faire de ses rêves des souvenirs.

Départ dans 13 heures

Et que le vaste monde poursuive sa course folle…

Et même si je déteste Colum McCann pour ce titre que j'aurais aimé inventer, je suis heureux de pouvoir l'emprunter pour ces dernières lignes avant de démarrer. Il traduit bien mon sentiment : *« Embarquons, roulons, bougeons, à nous la route et que le reste de notre ancien monde continue de s'agiter. »* La perspective de l'échappée imminente me grise et affole ma curiosité. Je commence enfin à me poser les questions concrètes à propos de nos journées d'aventures sur les routes. Accomplissement d'un long travail qui nous aura fait passer par tout l'éventail des émotions possibles et qui nous aura rendus forts et unis pour ce qui nous reste à vivre. Et même si l'idée d'enfin nous mettre en route m'enchante, à l'heure actuelle, je savoure plus encore la joie de la fin des préparatifs. Cinq mois à temps plein, beaucoup d'argent, un presque ulcère, mais nous voici prêts. Je réalise doucement que dès demain matin, notre destin nomade va débuter. Cependant, je ne suis pas sûr d'en saisir encore la portée. Dans treize heures, la totalité de nos possessions tiendra dans ce véhicule. Le fait que nous serons dorénavant perpétuellement en mouvement et que nous n'avons pas de date de retour, tout ça me semble flou, fou. Le mouvement c'est la vie. Et je veux vivre. Tentons, vivons, bougeons, errons et laissons le vent nous emmener là où s'écrit notre histoire. Vibrons, chantons, travaillons de nos mains, laissons nos esprits vagabonder, soyons ou ne soyons rien. Un nouveau chapitre commence, prenons-le paisibles, sereins et ouverts. N'en ratons rien, car chaque instant compte. Et au fond, *« le vrai plaisir c'est peut-être juste de ne pas savoir comment qu'elle va finir sa petite histoire »* (extrait d'une chanson des Cowboys Fringants).

Poésie géographique

Rêver de Tarfaya, de Dakhla comme de Sarajevo, de Samarcande....
Et tant d'autres noms.
Il y a là dans nos imaginaires de voyageur, une liste vagabonde suscitant songeries et projets infinis.
La poésie toponymique, notre poésie géographique.
Et même si la providence nous a déjà emmenés à la rencontre de certains de ces lieux, nous entendons déjà le bruit de nos pas sur ces terres qui nous restent encore à découvrir...

Moscou
New York
Capri
Fairbanks
Les Carpates
Les îles Féroé
L'archipel des Kerguelen
Marrakech
La Nouvelle-Orléans
Istanbul
Lahore
Bagdad
Les Comores
Tokyo
Oulan Bator
Pyongyang
Shangaï
Volgograd
Rome
L'Amazone

Buenos Aires
Valparaiso
Bangkok
Lisbonne
Edimbourg
Séoul
Les Fidji
Florence
Atahualpa
Veracruz
Madagascar
Le Cap
La Casamance
Les Seychelles
Manille
Bornéo
Les Marquises
Le Désert du Thar
Katmandou
La Transylvanie

Sainte-Lucie
Boston
La Mecque
Le Bangladesh
Vienne
Le Virunga
Khartoum
Les Cévennes
Beyrouth
Médine
Alger
Le Delta du Mékong
Le Rif
Cotonou
Le Cachemire
L'Oural
Anchorage
Le Zambèze
L'Alhambra
Le Tanganiyka

Le Danube
Agadès
Les Cyclades
Alexandrie
Reykjavik
La Mer Morte
Seattle
La Havane
Le Désert de Gobi
Gibraltar
Béring
Les Açores
Le Kerala
L'Atlas
Saint-Pétersbourg
Tombouctou
Syracuse
Bénarès
Caracas
Carthage

Auckland
Les Blue Mountains
Le Yémen
Pondichéry
Les Lofoten
Ouarzazate
Les Hébrides
Téhéran
Vancouver
Kaboul
Alep
Jérusalem
Sarajevo
Dublin
Smara
Le Myanmar
Saigon
Kashgar
Oran
La Mandchourie

Messine
Le Yukon
Honk Kong
Yerevan
Le Mont Ararat
Marseille
Lima
Sydney
Vladivostok
Varsovie
Tamanrasset
Chinguetti
Niamey
La Tasmanie
Le Spitzberg
Mourmansk
Tabriz
Addis Abeba
Dar Es Salam
Lesotho

Le Caire
Ushuaia
Samarkand
San Francisco
Le pôle Nord
La Route 66
La cordillère des Andes
Le Cap de Bonne-Espérance
L'Okavango
Le lac Victoria
Le Mississipi
Darjeeling
Le Gange
Les îles Shetland
Le Désert du Taklamakan

Rovaniemi
Le Désert du Sahara
Le Kamchatka
Trébizonde
Le Passe de Khyber
Zanzibar
Osaka
Uluru
Le Désert du Namib
Nagasaki
Le Lac Baïkal
Hiroshima
Le Mont Fuji
L'Etna
Naples

La Transnistrie
Bamako
Bonifacio
Le Kirghizstan
Athènes
Casablanca
Bodø
Le Kilimandjaro
Sapa
Beijing
Mexico
Belfast
Dakar
Phnom Penh
Le Hoggar

Syracuse

Niamey

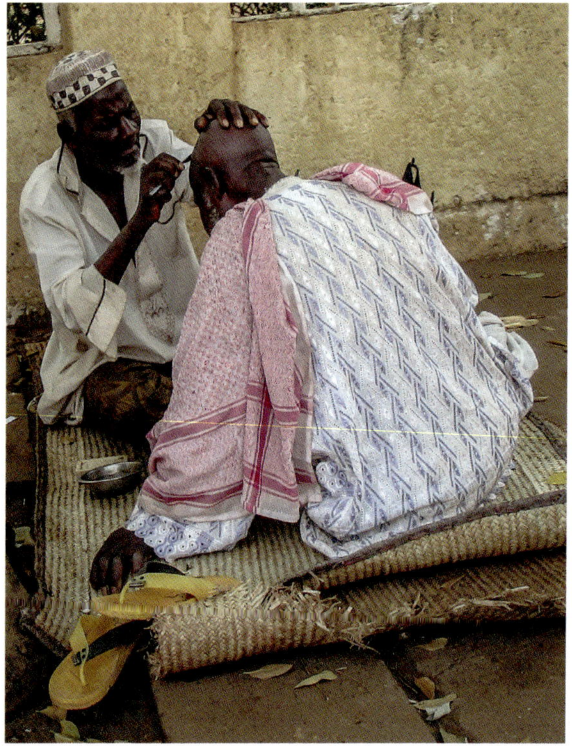

VARSOVIE

PIAZZA R. XIII
DI S. MARIA
IN TRASTEVERE

Sarajevo

NAPLES

Marseille

Bamako

Tombouctou

La Casamance

Phnom Penh

Ecrire, voyager

Qui suis-je ? Où suis-je ? Où va ce monde ?
Je reste dans mes incertitudes à propos de tout.
Je ne suis chez moi nulle part. Toujours perdu entre deux quais.
Pas toujours à flot, alors, je préfère me jeter à la Terre.
Dans ce wagon ou un autre, sur un quai ou une route, je vis seul en moi-même.
Comme chacun, jusqu'au terminus définitif.
Je laisse soin au vent, au moteur en dedans, de me porter loin devant.

Alors que je voudrais plus que tout vivre et écrire ces vies germant dans mon esprit instable, ce projet demeure perpétuellement flou. Mon esprit erre d'une idée à l'autre en épuisant parfois mon corps.
Je souhaiterais tout, mais souvent n'importe quoi.
Encore ce paradoxe humain : vouloir tout et son contraire, quelque fois en même temps.

Je sais que le temps court. Songer que je n'en aurais jamais assez pour vivre me secoue souvent. Peut-être qu'imaginer toutes ces existences que j'aimerais expérimenter c'est déjà les éprouver, ne serait-ce qu'un peu ?

Puis, écrire alors que tout semble déjà avoir été dit. Pourquoi ?
Parfois, je trouve de l'intérêt suffisamment longtemps pour mener à bien une idée, la rédiger.
Pourtant, pour « *réussir, il faut vouloir longtemps* », écrit Franceschi. Ecrire des livres, pour quelqu'un qui vit dans l'instant, peut, quelque fois, être une souffrance, car réclamant de s'inscrire dans la durée, de lutter contre sa propre impermanence : l'insupportable inconsistance de son Être.
Alors je pars, pour écrire, ou l'inverse ?
Mais partir, à quoi bon ?
Tout le monde est partout, tout le temps.
Partir un week-end, une quinzaine, une année, notre société n'arrête pas de partir.
Le bruit des sandales a remplacé le claquement des bottes.
Le touriste et/ou le voyageur, le nouvel envahisseur ?
Pourtant, je dois continuer. Errer encore, car ma destinée n'a pas d'axe, pas de cap établi. Je cherche sans rien découvrir puisque je ne sais pas ce que je cherche.
Cela signifierait-il alors que j'ai trouvé ?

Certains me jugent pessimiste quant à l'état de l'Humanité.
Ils se méprennent.
Même si « *Les optimistes sont des gens mal informés* », que les comportements humains me désolent régulièrement,

parfois la paix me gagne.
Je sais à présent que le monde et l'humanité suivent leur voie. Ni bonne, ni mauvaise, juste leur voie. Longtemps, j'ai lutté intérieurement, terrassé par les déceptions que notre espèce pouvait m'évoquer. Il n'y a que deux options face à ces ressentis puisque j'exclus d'emblée celle du suicide et de la résignation. Soit on se révolte, mais les révolutionnaires terminent tous de la même manière, sans être parvenus aux grands changements pour lesquels ils se battaient. Et lorsque ces révolutions aboutissent, très vite, elles reproduisent des schémas identiques aux sociétés qu'elles étaient censées améliorer.
Reste alors le choix de s'accommoder de la réalité. De cesser de lutter contre ce qui ne peut être changé, puis, comme l'écrivit Montaigne, « *faire de la réalité ses rêves et cesser de rêver une réalité* ».

Voyager est mon choix dans ce réel, ma manière d'honorer l'existence occidentale finalement chanceuse que j'ai reçue à la loterie des naissances. Né dans un pays où, même si la liberté se résume à vivre entre les lois, j'ai le droit, en jouant le jeu, de me déplacer plus ou moins à ma guise.

Ecrire est mon choix dans ce que Barthes nomme le déréel, cette sphère où l'on se projette, consciemment ou pas, pour amplifier nos sentiments, pour vibrer davantage.

L'écriture comme justification d'exister.
Voyager parce qu'il m'est impossible de faire autrement.

La sédentarité provoque en moi un vide si grand que seul un apport constant de nouvelles informations sensorielles parvient à ne pas le transformer en un gouffre abyssal qui m'avalerait tout entier.

Donc partir parce que rester devient improbable.
Peu importe la destination, vers Nulle Part me convient parfaitement et satisfait toujours ce besoin incessant d'alimenter mon esprit.
Partir, c'est me libérer de la contrainte terrestre, cette gravité qui me lie au lieu.

Le voyage requiert du voyageur une confiance, un optimisme éclairé dans ce monde puisque, quelque part, il lui confie son lendemain.
Le voyage offre au voyageur de vivre l'instant, de se réjouir du moment sans devenir blasé par la routine.
Le vagabondage apporte le bienfait de se couper des nouvelles tragiques de l'univers médiatisé pour vivre le monde réel.

Au-delà de la pensée convenue que partir c'est aller à la rencontre de l'Autre, car le voyage peut souvent n'être plus qu'un aller simple vers soi-même. Se tenir à une certaine distance des Mondes qu'on pénètre afin de garder ce qui nous reste de liberté.

N'être rien, n'être de Nulle Part permet d'être tout et d'aller partout, de s'intéresser à l'Autre, de découvrir l'Ailleurs sans rien revendiquer.

Vers Nulle Part
13 000 km de tours et détours

Puisqu'ici nous ne sommes rien
Puisqu'ici je n'attends rien
Puisqu'ici je pense autant partir
J'obéis alors à l'appel du lointain.
À cette voix qui crie parfois au-delà de l'horizon :
« Viens ! Il y a tant d'endroits qui valent le coup ! »

Puisque je préfère avoir peu
Que croire beaucoup posséder
Puisque je préfère faire ma trace
Plutôt que suivre la piste
Puisque la liberté m'importe plus
Que l'illusion de la sécurité
Puisque le confort de la nature m'attire davantage
Qu'une couche payée à prix d'or et de résignation
Alors, j'errai aussi loin que mes pas me porteront
Alors, je voyagerai aussi longtemps
Que mes rêves des grands espaces oxygèneront mon cerveau.

Vivre son conte de fées,
Tant qu'il en est temps !

Percevoir l'or dans chaque mouvement de la nature
Remarquer qu'une feuille, même morte, danse encore au vent

Nos âmes sont une fenêtre sur le monde
Nos corps les véhicules pour le découvrir
Rouler, marcher, nager, voler, voguer
Vivre le monde plutôt que le posséder.

S'échouer de plein gré,
Le temps d'un songe,
D'un rêve de liberté,
D'une vie ou d'une éternité.

Il n'est plus temps pour les bilans,
Les constatations, les questions.
C'est le moment de l'action,
Du changement de cap.
Sans délais !

Et si, le seul intérêt
de nos existences
était d'admirer
toutes les beautés ?
Et si, tout le reste
n'était qu'une attente
faite de vains remplissages
pour la combler ?

LE COMPTOIR
DES MONTRES

Se séparer de la multitude.
Echapper au conformisme dominant.
Refuser les évidences.
Et, emprunter les chemins de traverse.

Pendant que le monde s'affole,
Ici, le temps qui passe
Est un voyageur qu'on salue.

Entre chien et loup, errer là.
Tout au bout,
Loin de tout,
Hurler
Son amour pour la forêt.

Sans peur,
Songer à la relative éthérité du bonheur.

Se détacher des choses, des rôles, des attentes pour n'être
Plus que soi dans tous ses choix
Obstinément dans sa vérité.

S'offrir un répit
Quitter le rythme
Oublier le temps calibré, les jours nommés et les mois comptés
S'inspirer du désert où la nuit succédant au jour suffit à indiquer
La mesure.

Choisir la liberté
S'affranchir de la contrainte
Partir et devenir d'éternels absents.

Voir le beau partout
Si fort
Qu'il serait impossible
De ne pas s'apercevoir
Du privilège
D'en faire partie.

L'homme se nourrit et s'amuse de la souffrance.

Il l'ignore dans les étables, les abattoirs puis dans les supermarchés, joue avec dans les bois, l'acclame même dans les arènes.

Prôner le retour d'un ordre où chaque animal serait proche de la condition liée à sa nature.

Etre de libres vagabonds
Affranchis d'une vie servile.

Naître sur la Terre des Hommes et être libre,
Envers et contre tout,
Infiniment,
Jusqu'à ne plus se sentir peser sur terre.

Et si le désert était un avertissement ?
Autrefois, s'étendaient ici de vertes et vastes forêts
Que l'on croyait éternelles.

Mettre un peu d'éternité dans le mortel de nos réalités.

Oser le technicolor, à grands renforts de décors, de couleurs et d'émotions.
Ecrire le film de son existence rêvée et le réaliser pour s'enivrer.

Vigilance Petit Prince,
Ne laisse filer tes rêves qui,
Comme la caravane,
Passent.

Une seule chance
Trop de réflexion entrave l'action
Suivre son instinct
Oublier les peurs
Jouir des splendeurs.

Choisir l'absolu.
La voie de tous les possibles.

Ne pas confondre l'écume et la vague
Un pays de cocagne peut être une illusion de paradis
Mais il est surtout une chimère au prix bien trop cher
Sacrifier sa liberté pour posséder ?

L'avenir sera ascétique ou ne sera pas
La simplicité est le seul cap.

L'absence de transcendance annihile nos sociétés
Nos existences.

Tout

Pour moi tout est si compliqué
Une Terre qui s'enterre
Des gens qui désespèrent
Des jeunes qui galèrent

Pour moi tout est si fragile
Une vie à gérer
Des gens autour devoir bavarder
Un enfant à qui offrir une place

Pour moi tout est sublimé
Une existence à fantasmer
Un corps à honorer
Quelqu'un à qui parler

Pour moi tout est si sombre
Mes morts qui dansent dans leur tombe
Les guerres qui m'altèrent
Le temps qui se dérègle

Pour moi tout est espoir
Le soleil chaque jour se lève
La Terre tourne folle
Un croissant de lune où s'asseoir avec toi

Pour moi tout est amour
Faire l'amour et t'endormir dans mes bras
Un petit garçon qui joue
La providence qui t'a mise là devant moi

Pour moi tout est rêve
Un ami qui compte proche de moi
Un fils qui grandit pas loin
Une femme qui me chérit pour ce que je suis tout contre

Pour moi tout est mots
Je vis donc je suis

Tout

Plutôt mort mais libre à tout prix
Je t'aime pour tant de tendresse

Pour moi tout est désir
Une quête du bonheur à en périr
Une nuit d'amour à en frémir
Des gens qui m'aiment sans souffrir

Pour moi tout est éternité
Et rien ne pourra m'arrêter d'y rêver.

Des livres qui ont mené *Vers Nulle Part*

L'Usage du Monde, Nicolas Bouvier
Anatomie de l'errance, Bruce Chatwin
Le Chant des Pistes, Bruce Chatwin
Narcisse et Goldmund, Hermann Hesse
Le syndrôme du Titanic, Nicolas Hulot
J'ai épousé l'aventure, Osa Johnson
Les clochards célestes, Jack Kerouac
Nicolas Bouvier. L'oeil qui écrit, François Laut
Gens des nuages, J. M. G. Le Clézio
Désert, J. M. G. Le Clézio
Martin Eden, Jack London
Le Vagabond des étoiles, Jack London
La Voie Cruelle, Ella Maillart
La société des Vagabonds, Harry Martinson
La Théorie du voyage, Michel Onfray
Lettres à un jeune poète, Rainer Maria Rilke
Illuminations, Arthur Rimbaud
Terres des Hommes, Antoine de Saint-Exupéry

Les conquérants de l'inutile, Lionel Terray
Walden, la vie dans les bois, Henri D. Thoreau
Smara. Carnets de route, Michel Vieuchange
Le grand partout, William T. Vollmann
Je suis de nulle part. Sur les traces d'Ella Maillart, Olivier Weber

Géographie photographique

Couverture : Afrique, Grand Sud marocain, Merzouga, 2011
p. 63 : Europe, Italie, Sicile, Syracuse, 2014
p. 64 : Afrique, Niger, Niamey, 2015
p. 65 : Europe, Pologne, Varsovie, 2012
p. 66 : Europe, Italie, Rome, 2014
p. 67 : Europe, Bosnie-Herzégovine, Sarajevo, 2015
p. 68 : Afrique, Mauritanie, Chinguetti, 2006
p. 69 : Europe, Italie, Naples, 2014
p. 70 : Europe, France, Marseille, 2014
p. 71 : Afrique, Mali, Bamako, 2016
p. 72 : Afrique, Mali, Tombouctou, Mosquée de Djingareyber, 2015
p. 73 : Afrique, Sénégal, Casamance, Île de Carabane, 2015
p. 74 : Asie, Cambodge, Phnom Penh, 2013
p. 80 : Afrique, Grand Sud marocain, Dunes de l'Erg Chebbi, 2011
p. 83 : Europe, France, Auvergne, Lanobre, Château de Val, 2010
p. 85 : Europe, France, Auvergne, Lanobre, Château de Val, 2010
p. 87 : Europe, Espagne, Castille-et-León, 2010
p. 89 : Europe, Portugal, Algarve, Olhão, 2010
p. 91 : Europe, Portugal, Algarve, Olhão, 2010

Remerciements

Merci aux 8000 visiteurs curieux du blog – *La maladie de l'horreur du domicile* - que nous tenions à une époque (2010-2011) où les blogs de voyage n'étaient pas aussi populaires et courants qu'aujourd'hui et qui nous ont soutenu par leur intérêt dans notre démarche.

Merci aux amis et voisins liégeois qui nous ont encouragés, soutenus et qui ont activement participé à la grande liquidation de nos possessions matérielles en 2010.

Merci à Jean-Pierre et Alix, Lahcen, Ibrahim, Said et tous les autres anonymes qui nous ont offert l'hospitalité, un thé, une recette, un sourire, et qui, sans le savoir furent des acteurs éphémères de moments précieux de ce voyage, de notre vie.

Merci à May pour sa douceur et ses conseils éclairés au sujet de la mise en page de ce livre.

Nous tenons aussi à remercier tous nos amis pour leurs précieux conseils et avis lors de leur relecture. Nous pensons tout spécialement à nos amis dignois Dominique, Anne-Marie, Bernard et Gérard.

Merci à ma mère pour son soutien discret dans mes choix et sa relecture attentionnée.

Merci à mes amies qui me connaissent depuis si longtemps, ou un peu moins, pour leur avis, Florence,

Stéphanie et Tiphanya, et qui ont trouvé les mots justes pour nous faire des propositions judicieuses.

Merci aux garçons, Grégoire et Sacha, dont l'existence motive, en partie, notre besoin de leur léguer des explications sur notre vision, nos choix, ce chemin.

Je tiens également à remercier Joël pour ses textes et ses mots qui me touchent énormément, pour sa confiance en moi et son amour.

Merci à vous qui lisez ces lignes pour votre intérêt dans ce travail et qui partagez, j'en suis sûre, nombreux de nos questionnements.

Bonne route.

Du même auteur

karmAfrica (2009)
Mais ce qui persiste en moi est ce fragment d'inhumanité… (2011)

Publiés aux Editions Memory

Tirage limité à 300 exemplaires
Achevé d'imprimer en Belgique par Impribeau s.p.r.l.